Five - Minute Journal

"If we change the way we look at things, the things we look at change"

Today I am expressing gratitude for

- _____
- _____
- _____

Three mini goals for making today great

- _____
- _____
- _____

My Todays Affirmations, I am

- _____
- _____

Three things that happened today for which I am grateful

- _____
- _____
- _____

How I might have advanced the quality of my day

- _____
- _____

"Live life as if everything is rigged in your favor"

Today I am expressing gratitude for

- _____
- _____
- _____

Three mini goals for making today great

- _____
- _____
- _____

My Todays Affirmations, I am

- _____
- _____

Three things that happened today for which I am grateful

- _____
- _____
- _____

How I might have advanced the quality of my day

- _____
- _____

"Life does not happen to me; it happens for me"

Today I am expressing gratitude for

- _____
- _____
- _____

Three mini goals for making today great

- _____
- _____
- _____

My Todays Affirmations, I am

- _____
- _____

Three things that happened today for which I am grateful

- _____
- _____
- _____

How I might have advanced the quality of my day

- _____
- _____

"If you don't like how things are change them, you are not a tree"

Today I am expressing gratitude for

- _____
- _____
- _____

Three mini goals for making today great

- _____
- _____
- _____

My Todays Affirmations, I am

- _____
- _____

Three things that happened today for which I am grateful

- _____
- _____
- _____

How I might have advanced the quality of my day

- _____
- _____

"People with goals succeed because they know the direction they are headed"

Today I am expressing gratitude for

- _____
- _____
- _____

Three mini goals for making today great

- _____
- _____
- _____

My Todays Affirmations, I am

- _____
- _____

Three things that happened today for which I am grateful

- _____
- _____
- _____

How I might have advanced the quality of my day

- _____
- _____

"The bridge between goals and accomplishment is discipline"

Today I am expressing gratitude for

- _____
- _____
- _____

Three mini goals for making today great

- _____
- _____
- _____

My Todays Affirmations, I am

- _____
- _____

Three things that happened today for which I am grateful

- _____
- _____
- _____

How I might have advanced the quality of my day

- _____
- _____

"Our attitude towards others determines their attitude towards us"

Today I am expressing gratitude for

- _____
- _____
- _____

Three mini goals for making today great

- _____
- _____
- _____

My Todays Affirmations, I am

- _____
- _____

Three things that happened today for which I am grateful

- _____
- _____
- _____

How I might have advanced the quality of my day

- _____
- _____

"Creativity is the natural extension of our enthusiasm"

Today I am expressing gratitude for

- _____
- _____
- _____

Three mini goals for making today great

- _____
- _____
- _____

My Todays Affirmations, I am

- _____
- _____

Three things that happened today for which I am grateful

- _____
- _____
- _____

How I might have advanced the quality of my day

- _____
- _____

"Work never killed anyone it's the worry that does the damage and the worry disappears when we work"

Today I am expressing gratitude for

- _____
- _____
- _____

Three mini goals for making today great

- _____
- _____
- _____

My Todays Affirmations, I am

- _____
- _____

Three things that happened today for which I am grateful

- _____
- _____
- _____

How I might have advanced the quality of my day

- _____
- _____

"What we plant in our subconscious mind and nourish with emotion and repetition becomes our reality"

Today I am expressing gratitude for

- _____
- _____
- _____

Three mini goals for making today great

- _____
- _____
- _____

My Todays Affirmations, I am

- _____
- _____

Three things that happened today for which I am grateful

- _____
- _____
- _____

How I might have advanced the quality of my day

- _____
- _____

"Life is 10% what happens to you and 90% how you react to it"

Today I am expressing gratitude for

- _____
- _____
- _____

Three mini goals for making today great

- _____
- _____
- _____

My Todays Affirmations, I am

- _____
- _____

Three things that happened today for which I am grateful

- _____
- _____
- _____

How I might have advanced the quality of my day

- _____
- _____

"I control how I feel"

Today I am expressing gratitude for

- _____
- _____
- _____

Three mini goals for making today great

- _____
- _____
- _____

My Todays Affirmations, I am

- _____
- _____

Three things that happened today for which I am grateful

- _____
- _____
- _____

How I might have advanced the quality of my day

- _____
- _____

"For every disciplined effort there are multiple rewards"

Today I am expressing gratitude for

- _____
- _____
- _____

Three mini goals for making today great

- _____
- _____
- _____

My Todays Affirmations, I am

- _____
- _____

Three things that happened today for which I am grateful

- _____
- _____
- _____

How I might have advanced the quality of my day

- _____
- _____

"Whatever the mind can conceive and believe it can achieve"

Today I am expressing gratitude for

- _____
- _____
- _____

Three mini goals for making today great

- _____
- _____
- _____

My Todays Affirmations, I am

- _____
- _____

Three things that happened today for which I am grateful

- _____
- _____
- _____

How I might have advanced the quality of my day

- _____
- _____

"Your outer foundation comes from your inner strength"

Today I am expressing gratitude for

- _____
- _____
- _____

Three mini goals for making today great

- _____
- _____
- _____

My Todays Affirmations, I am

- _____
- _____

Three things that happened today for which I am grateful

- _____
- _____
- _____

How I might have advanced the quality of my day

- _____
- _____

"Your income seldom exceeds personal development, so invest in yourself"

Today I am expressing gratitude for

- _____
- _____
- _____

Three mini goals for making today great

- _____
- _____
- _____

My Todays Affirmations, I am

- _____
- _____

Three things that happened today for which I am grateful

- _____
- _____
- _____

How I might have advanced the quality of my day

- _____
- _____

"Life is constantly happening to make me happy and successful"

Today I am expressing gratitude for

- _____
- _____
- _____

Three mini goals for making today great

- _____
- _____
- _____

My Todays Affirmations, I am

- _____
- _____

Three things that happened today for which I am grateful

- _____
- _____
- _____

How I might have advanced the quality of my day

- _____
- _____

"If you want to become rich yourself enrich others"

Today I am expressing gratitude for

- _____
- _____
- _____

Three mini goals for making today great

- _____
- _____
- _____

My Todays Affirmations, I am

- _____
- _____

Three things that happened today for which I am grateful

- _____
- _____
- _____

How I might have advanced the quality of my day

- _____
- _____

"If you cannot dream yourself into a character you must hammer and forge yourself one"

Today I am expressing gratitude for

- _____
- _____
- _____

Three mini goals for making today great

- _____
- _____
- _____

My Todays Affirmations, I am

- _____
- _____

Three things that happened today for which I am grateful

- _____
- _____
- _____

How I might have advanced the quality of my day

- _____
- _____

"Happiness is not something which you postpone, express gratitude and be happy in the moment"

Today I am expressing gratitude for

- _____
- _____
- _____

Three mini goals for making today great

- _____
- _____
- _____

My Todays Affirmations, I am

- _____
- _____

Three things that happened today for which I am grateful

- _____
- _____
- _____

How I might have advanced the quality of my day

- _____
- _____

"I will improve 1% each day and give myself the pleasure for tiny progress"

Today I am expressing gratitude for

- _____
- _____
- _____

Three mini goals for making today great

- _____
- _____
- _____

My Todays Affirmations, I am

- _____
- _____

Three things that happened today for which I am grateful

- _____
- _____
- _____

How I might have advanced the quality of my day

- _____
- _____

"Success is simple disciplines practiced everyday"

Today I am expressing gratitude for

- _____
- _____
- _____

Three mini goals for making today great

- _____
- _____
- _____

My Todays Affirmations, I am

- _____
- _____

Three things that happened today for which I am grateful

- _____
- _____
- _____

How I might have advanced the quality of my day

- _____
- _____

"I'm at the level now where I'm done talking, it's just time to execute."

Today I am expressing gratitude for

- _____
- _____
- _____

Three mini goals for making today great

- _____
- _____
- _____

My Todays Affirmations, I am

- _____
- _____

Three things that happened today for which I am grateful

- _____
- _____
- _____

How I might have advanced the quality of my day

- _____
- _____

"The only person you are destined to become is the person you decide to be"

Today I am expressing gratitude for

- _____
- _____
- _____

Three mini goals for making today great

- _____
- _____
- _____

My Todays Affirmations, I am

- _____
- _____

Three things that happened today for which I am grateful

- _____
- _____
- _____

How I might have advanced the quality of my day

- _____
- _____

"If you are not willing to risk the unusual, you will always have to settle for the ordinary"

Today I am expressing gratitude for

- _____
- _____
- _____

Three mini goals for making today great

- _____
- _____
- _____

My Todays Affirmations, I am

- _____
- _____

Three things that happened today for which I am grateful

- _____
- _____
- _____

How I might have advanced the quality of my day

- _____
- _____

"Overnight you cannot change your destination, but you can change your direction"

Today I am expressing gratitude for

- _____
- _____
- _____

Three mini goals for making today great

- _____
- _____
- _____

My Todays Affirmations, I am

- _____
- _____

Three things that happened today for which I am grateful

- _____
- _____
- _____

How I might have advanced the quality of my day

- _____
- _____

"True nobility is being superior to your former self"

Today I am expressing gratitude for

- _____
- _____
- _____

Three mini goals for making today great

- _____
- _____
- _____

My Todays Affirmations, I am

- _____
- _____

Three things that happened today for which I am grateful

- _____
- _____
- _____

How I might have advanced the quality of my day

- _____
- _____

"Secret to success is staying committed to your decisions but staying flexible in your approach"

Today I am expressing gratitude for

- _____
- _____
- _____

Three mini goals for making today great

- _____
- _____
- _____

My Todays Affirmations, I am

- _____
- _____

Three things that happened today for which I am grateful

- _____
- _____
- _____

How I might have advanced the quality of my day

- _____
- _____

"Work harder on yourself than you do on your Job"

Today I am expressing gratitude for

- _____
- _____
- _____

Three mini goals for making today great

- _____
- _____
- _____

My Todays Affirmations, I am

- _____
- _____

Three things that happened today for which I am grateful

- _____
- _____
- _____

How I might have advanced the quality of my day

- _____
- _____

"In this world you are either growing or dying, so get in motion and grow"

Today I am expressing gratitude for

- _____
- _____
- _____

Three mini goals for making today great

- _____
- _____
- _____

My Todays Affirmations, I am

- _____
- _____

Three things that happened today for which I am grateful

- _____
- _____
- _____

How I might have advanced the quality of my day

- _____
- _____

"If you want different fruits you will first have to change the roots"

Today I am expressing gratitude for

- _____
- _____
- _____

Three mini goals for making today great

- _____
- _____
- _____

My Todays Affirmations, I am

- _____
- _____

Three things that happened today for which I am grateful

- _____
- _____
- _____

How I might have advanced the quality of my day

- _____
- _____

"Mind acts like a muscle, the more you use it the stronger it becomes"

Today I am expressing gratitude for

- _____
- _____
- _____

Three mini goals for making today great

- _____
- _____
- _____

My Todays Affirmations, I am

- _____
- _____

Three things that happened today for which I am grateful

- _____
- _____
- _____

How I might have advanced the quality of my day

- _____
- _____

"Desire loses it's value without a sense of urgency"

Today I am expressing gratitude for

- _____
- _____
- _____

Three mini goals for making today great

- _____
- _____
- _____

My Todays Affirmations, I am

- _____
- _____

Three things that happened today for which I am grateful

- _____
- _____
- _____

How I might have advanced the quality of my day

- _____
- _____

"Success is achieved when we do ordinary things extraordinarily well"

Today I am expressing gratitude for

- _____
- _____
- _____

Three mini goals for making today great

- _____
- _____
- _____

My Todays Affirmations, I am

- _____
- _____

Three things that happened today for which I am grateful

- _____
- _____
- _____

How I might have advanced the quality of my day

- _____
- _____

"We become what we think about most of the time"

Today I am expressing gratitude for

- _____
- _____
- _____

Three mini goals for making today great

- _____
- _____
- _____

My Todays Affirmations, I am

- _____
- _____

Three things that happened today for which I am grateful

- _____
- _____
- _____

How I might have advanced the quality of my day

- _____
- _____

"If you want to lead an extraordinary life, find out what the ordinary do and don't do that"

Today I am expressing gratitude for

- _____
- _____
- _____

Three mini goals for making today great

- _____
- _____
- _____

My Todays Affirmations, I am

- _____
- _____

Three things that happened today for which I am grateful

- _____
- _____
- _____

How I might have advanced the quality of my day

- _____
- _____

"Miss a meal if you have to but don't miss reading"

Today I am expressing gratitude for

- _____
- _____
- _____

Three mini goals for making today great

- _____
- _____
- _____

My Todays Affirmations, I am

- _____
- _____

Three things that happened today for which I am grateful

- _____
- _____
- _____

How I might have advanced the quality of my day

- _____
- _____

"Success is something not to be pursued but to be attracted by the person you become"

Today I am expressing gratitude for

- _____
- _____
- _____

Three mini goals for making today great

- _____
- _____
- _____

My Todays Affirmations, I am

- _____
- _____

Three things that happened today for which I am grateful

- _____
- _____
- _____

How I might have advanced the quality of my day

- _____
- _____

"Your destiny is shaped in the moments of decisions"

Today I am expressing gratitude for

- _____
- _____
- _____

Three mini goals for making today great

- _____
- _____
- _____

My Todays Affirmations, I am

- _____
- _____

Three things that happened today for which I am grateful

- _____
- _____
- _____

How I might have advanced the quality of my day

- _____
- _____

"The path to success is filled with taking massive determined action"

Today I am expressing gratitude for

- _____
- _____
- _____

Three mini goals for making today great

- _____
- _____
- _____

My Todays Affirmations, I am

- _____
- _____

Three things that happened today for which I am grateful

- _____
- _____
- _____

How I might have advanced the quality of my day

- _____
- _____

"The only limit to your success in life is your imagination and your commitment"

Today I am expressing gratitude for

- _____
- _____
- _____

Three mini goals for making today great

- _____
- _____
- _____

My Todays Affirmations, I am

- _____
- _____

Three things that happened today for which I am grateful

- _____
- _____
- _____

How I might have advanced the quality of my day

- _____
- _____

"Successful people ask better questions and as a result they get better answers"

Today I am expressing gratitude for

- _____
- _____
- _____

Three mini goals for making today great

- _____
- _____
- _____

My Todays Affirmations, I am

- _____
- _____

Three things that happened today for which I am grateful

- _____
- _____
- _____

How I might have advanced the quality of my day

- _____
- _____

"In order to get more you must become more"

Today I am expressing gratitude for

- _____
- _____
- _____

Three mini goals for making today great

- _____
- _____
- _____

My Todays Affirmations, I am

- _____
- _____

Three things that happened today for which I am grateful

- _____
- _____
- _____

How I might have advanced the quality of my day

- _____
- _____

"Failure does not exist there are only results"

Today I am expressing gratitude for

- _____
- _____
- _____

Three mini goals for making today great

- _____
- _____
- _____

My Todays Affirmations, I am

- _____
- _____

Three things that happened today for which I am grateful

- _____
- _____
- _____

How I might have advanced the quality of my day

- _____
- _____

"Successful people have one thing in common, an absolute sense of clarity"

Today I am expressing gratitude for

- _____
- _____
- _____

Three mini goals for making today great

- _____
- _____
- _____

My Todays Affirmations, I am

- _____
- _____

Three things that happened today for which I am grateful

- _____
- _____
- _____

How I might have advanced the quality of my day

- _____
- _____

"If you are committed there is always a way"

Today I am expressing gratitude for

- _____
- _____
- _____

Three mini goals for making today great

- _____
- _____
- _____

My Todays Affirmations, I am

- _____
- _____

Three things that happened today for which I am grateful

- _____
- _____
- _____

How I might have advanced the quality of my day

- _____
- _____

"As long as you do not stop, it does not matter how slowly you go"

Today I am expressing gratitude for

- _____
- _____
- _____

Three mini goals for making today great

- _____
- _____
- _____

My Todays Affirmations, I am

- _____
- _____

Three things that happened today for which I am grateful

- _____
- _____
- _____

How I might have advanced the quality of my day

- _____
- _____

"Repetition is the mother of Mastery"

Today I am expressing gratitude for

- _____
- _____
- _____

Three mini goals for making today great

- _____
- _____
- _____

My Todays Affirmations, I am

- _____
- _____

Three things that happened today for which I am grateful

- _____
- _____
- _____

How I might have advanced the quality of my day

- _____
- _____

"Where focus goes energy flows"

Today I am expressing gratitude for

- _____
- _____
- _____

Three mini goals for making today great

- _____
- _____
- _____

My Todays Affirmations, I am

- _____
- _____

Three things that happened today for which I am grateful

- _____
- _____
- _____

How I might have advanced the quality of my day

- _____
- _____

"Your past does not equal to your future"

Today I am expressing gratitude for

- _____
- _____
- _____

Three mini goals for making today great

- _____
- _____
- _____

My Todays Affirmations, I am

- _____
- _____

Three things that happened today for which I am grateful

- _____
- _____
- _____

How I might have advanced the quality of my day

- _____
- _____

"When universe hands you a lemon make a lemonade."

Today I am expressing gratitude for

- _____
- _____
- _____

Three mini goals for making today great

- _____
- _____
- _____

My Todays Affirmations, I am

- _____
- _____

Three things that happened today for which I am grateful

- _____
- _____
- _____

How I might have advanced the quality of my day

- _____
- _____

"What seems to us as bitter trials are often blessings in disguise"

Today I am expressing gratitude for

- _____
- _____
- _____

Three mini goals for making today great

- _____
- _____
- _____

My Todays Affirmations, I am

- _____
- _____

Three things that happened today for which I am grateful

- _____
- _____
- _____

How I might have advanced the quality of my day

- _____
- _____

"I'm at the level now where I'm done talking, it's just time to execute."

Today I am expressing gratitude for

- _____
- _____
- _____

Three mini goals for making today great

- _____
- _____
- _____

My Todays Affirmations, I am

- _____
- _____

Three things that happened today for which I am grateful

- _____
- _____
- _____

How I might have advanced the quality of my day

- _____
- _____

"No one can make me feel inferior without my permission"

Today I am expressing gratitude for

- _____
- _____
- _____

Three mini goals for making today great

- _____
- _____
- _____

My Todays Affirmations, I am

- _____
- _____

Three things that happened today for which I am grateful

- _____
- _____
- _____

How I might have advanced the quality of my day

- _____
- _____

"In our moments of decision, our destiny is shaped"

☀

Today I am expressing gratitude for

- _____
- _____
- _____

Three mini goals for making today great

- _____
- _____
- _____

My Todays Affirmations, I am

- _____
- _____

🌙

Three things that happened today for which I am grateful

- _____
- _____
- _____

How I might have advanced the quality of my day

- _____
- _____

"Foundation of abundance in life is acknowledging the good, you already have"

Today I am expressing gratitude for

- _____
- _____
- _____

Three mini goals for making today great

- _____
- _____
- _____

My Todays Affirmations, I am

- _____
- _____

Three things that happened today for which I am grateful

- _____
- _____
- _____

How I might have advanced the quality of my day

- _____
- _____

"Imagination and commitment are the only limitations, to the impact you will have on this world"

Today I am expressing gratitude for

- _____
- _____
- _____

Three mini goals for making today great

- _____
- _____
- _____

My Todays Affirmations, I am

- _____
- _____

Three things that happened today for which I am grateful

- _____
- _____
- _____

How I might have advanced the quality of my day

- _____
- _____

"Your goals should excite you a lot and scare you a little"

Today I am expressing gratitude for

- _____
- _____
- _____

Three mini goals for making today great

- _____
- _____
- _____

My Todays Affirmations, I am

- _____
- _____

Three things that happened today for which I am grateful

- _____
- _____
- _____

How I might have advanced the quality of my day

- _____
- _____

"Your thoughts and beliefs create your reality but only when you are happy in your present, so stop postponing happiness"

Today I am expressing gratitude for

- _____
- _____
- _____

Three mini goals for making today great

- _____
- _____
- _____

My Todays Affirmations, I am

- _____
- _____

Three things that happened today for which I am grateful

- _____
- _____
- _____

How I might have advanced the quality of my day

- _____
- _____

"People often say that motivation doesn't last. Well, neither does bathing - that's why we recommend it daily."

Today I am expressing gratitude for

- _____
- _____
- _____

Three mini goals for making today great

- _____
- _____
- _____

My Todays Affirmations, I am

- _____
- _____

Three things that happened today for which I am grateful

- _____
- _____
- _____

How I might have advanced the quality of my day

- _____
- _____

"The genesis of genius is passion"

Today I am expressing gratitude for

- _____
- _____
- _____

Three mini goals for making today great

- _____
- _____
- _____

My Todays Affirmations, I am

- _____
- _____

Three things that happened today for which I am grateful

- _____
- _____
- _____

How I might have advanced the quality of my day

- _____
- _____

"Events don't shape our lives but the meaning we attach to them does"

Today I am expressing gratitude for

- _____
- _____
- _____

Three mini goals for making today great

- _____
- _____
- _____

My Todays Affirmations, I am

- _____
- _____

Three things that happened today for which I am grateful

- _____
- _____
- _____

How I might have advanced the quality of my day

- _____
- _____

"The gift of unconditional love and acceptance is the greatest gift you can give to others"

Today I am expressing gratitude for

- _____
- _____
- _____

Three mini goals for making today great

- _____
- _____
- _____

My Todays Affirmations, I am

- _____
- _____

Three things that happened today for which I am grateful

- _____
- _____
- _____

How I might have advanced the quality of my day

- _____
- _____

"Successful people are always looking for opportunities to help others"

Today I am expressing gratitude for

- _____
- _____
- _____

Three mini goals for making today great

- _____
- _____
- _____

My Todays Affirmations, I am

- _____
- _____

Three things that happened today for which I am grateful

- _____
- _____
- _____

How I might have advanced the quality of my day

- _____
- _____

"The key to success is to focus your conscious mind on things you desire and not the things you fear"

Today I am expressing gratitude for

- _____
- _____
- _____

Three mini goals for making today great

- _____
- _____
- _____

My Todays Affirmations, I am

- _____
- _____

Three things that happened today for which I am grateful

- _____
- _____
- _____

How I might have advanced the quality of my day

- _____
- _____

"Have audacious goals but don't tie your happiness to them be happy in the now"

Today I am expressing gratitude for

- _____
- _____
- _____

Three mini goals for making today great

- _____
- _____
- _____

My Todays Affirmations, I am

- _____
- _____

Three things that happened today for which I am grateful

- _____
- _____
- _____

How I might have advanced the quality of my day

- _____
- _____

"The best revenge is massive success"

Today I am expressing gratitude for

- _____
- _____
- _____

Three mini goals for making today great

- _____
- _____
- _____

My Todays Affirmations, I am

- _____
- _____

Three things that happened today for which I am grateful

- _____
- _____
- _____

How I might have advanced the quality of my day

- _____
- _____

"I speak my dreams into reality"

Today I am expressing gratitude for

- _____
- _____
- _____

Three mini goals for making today great

- _____
- _____
- _____

My Todays Affirmations, I am

- _____
- _____

Three things that happened today for which I am grateful

- _____
- _____
- _____

How I might have advanced the quality of my day

- _____
- _____

"I live in the bliss of discipline"

Today I am expressing gratitude for

- _____
- _____
- _____

Three mini goals for making today great

- _____
- _____
- _____

My Todays Affirmations, I am

- _____
- _____

Three things that happened today for which I am grateful

- _____
- _____
- _____

How I might have advanced the quality of my day

- _____
- _____

"I enjoy the process of creating a healthy and fit body"

Today I am expressing gratitude for

- _____
- _____
- _____

Three mini goals for making today great

- _____
- _____
- _____

My Todays Affirmations, I am

- _____
- _____

Three things that happened today for which I am grateful

- _____
- _____
- _____

How I might have advanced the quality of my day

- _____
- _____

"I believe something wonderful is going to happen to me today"

Today I am expressing gratitude for

- _____
- _____
- _____

Three mini goals for making today great

- _____
- _____
- _____

My Todays Affirmations, I am

- _____
- _____

Three things that happened today for which I am grateful

- _____
- _____
- _____

How I might have advanced the quality of my day

- _____
- _____

"The universe is conspiring to make me feel happy and joyful"

Today I am expressing gratitude for

- _____
- _____
- _____

Three mini goals for making today great

- _____
- _____
- _____

My Todays Affirmations, I am

- _____
- _____

Three things that happened today for which I am grateful

- _____
- _____
- _____

How I might have advanced the quality of my day

- _____
- _____

"The more you help others, the more they will want to help you"

Today I am expressing gratitude for

- _____
- _____
- _____

Three mini goals for making today great

- _____
- _____
- _____

My Todays Affirmations, I am

- _____
- _____

Three things that happened today for which I am grateful

- _____
- _____
- _____

How I might have advanced the quality of my day

- _____
- _____

"The bridge between goals and success is discipline"

Today I am expressing gratitude for

- _____
- _____
- _____

Three mini goals for making today great

- _____
- _____
- _____

My Todays Affirmations, I am

- _____
- _____

Three things that happened today for which I am grateful

- _____
- _____
- _____

How I might have advanced the quality of my day

- _____
- _____

"If you are not moving towards your goals you are moving away from them"

Today I am expressing gratitude for

- _____
- _____
- _____

Three mini goals for making today great

- _____
- _____
- _____

My Todays Affirmations, I am

- _____
- _____

Three things that happened today for which I am grateful

- _____
- _____
- _____

How I might have advanced the quality of my day

- _____
- _____

"Successful people are simply those with success habits"

Today I am expressing gratitude for

- _____
- _____
- _____

Three mini goals for making today great

- _____
- _____
- _____

My Todays Affirmations, I am

- _____
- _____

Three things that happened today for which I am grateful

- _____
- _____
- _____

How I might have advanced the quality of my day

- _____
- _____

"See yourself living in abundance and you will attract it. It always works, it works every time with every person"

Today I am expressing gratitude for

- _____
- _____
- _____

Three mini goals for making today great

- _____
- _____
- _____

My Todays Affirmations, I am

- _____
- _____

Three things that happened today for which I am grateful

- _____
- _____
- _____

How I might have advanced the quality of my day

- _____
- _____

"No man can succeed in a line of endeavor which he does not like"

Today I am expressing gratitude for

- _____
- _____
- _____

Three mini goals for making today great

- _____
- _____
- _____

My Todays Affirmations, I am

- _____
- _____

Three things that happened today for which I am grateful

- _____
- _____
- _____

How I might have advanced the quality of my day

- _____
- _____

"Nature's plan to prepare you for great responsibilities is failure"

Today I am expressing gratitude for

- _____
- _____
- _____

Three mini goals for making today great

- _____
- _____
- _____

My Todays Affirmations, I am

- _____
- _____

Three things that happened today for which I am grateful

- _____
- _____
- _____

How I might have advanced the quality of my day

- _____
- _____

"Definiteness of purpose is the one quality that one must possess to win"

Today I am expressing gratitude for

- _____
- _____
- _____

Three mini goals for making today great

- _____
- _____
- _____

My Todays Affirmations, I am

- _____
- _____

Three things that happened today for which I am grateful

- _____
- _____
- _____

How I might have advanced the quality of my day

- _____
- _____

"The master key to your better future is you"

Today I am expressing gratitude for

- _____
- _____
- _____

Three mini goals for making today great

- _____
- _____
- _____

My Todays Affirmations, I am

- _____
- _____

Three things that happened today for which I am grateful

- _____
- _____
- _____

How I might have advanced the quality of my day

- _____
- _____

"A burning desire is the starting point of all success"

Today I am expressing gratitude for

- _____
- _____
- _____

Three mini goals for making today great

- _____
- _____
- _____

My Todays Affirmations, I am

- _____
- _____

Three things that happened today for which I am grateful

- _____
- _____
- _____

How I might have advanced the quality of my day

- _____
- _____

"There are no limitations to the mind except those we impose

Today I am expressing gratitude for

- _____
- _____
- _____

Three mini goals for making today great

- _____
- _____
- _____

My Todays Affirmations, I am

- _____
- _____

Three things that happened today for which I am grateful

- _____
- _____
- _____

How I might have advanced the quality of my day

- _____
- _____

"Success is walking from failure to failure with no loss of enthusiasm"

Today I am expressing gratitude for

- _____
- _____
- _____

Three mini goals for making today great

- _____
- _____
- _____

My Todays Affirmations, I am

- _____
- _____

Three things that happened today for which I am grateful

- _____
- _____
- _____

How I might have advanced the quality of my day

- _____
- _____

"The ladder of success is never crowded at the top"

Today I am expressing gratitude for

- _____
- _____
- _____

Three mini goals for making today great

- _____
- _____
- _____

My Todays Affirmations, I am

- _____
- _____

Three things that happened today for which I am grateful

- _____
- _____
- _____

How I might have advanced the quality of my day

- _____
- _____

"Don't wait the time will never be just right"

Today I am expressing gratitude for

- _____
- _____
- _____

Three mini goals for making today great

- _____
- _____
- _____

My Todays Affirmations, I am

- _____
- _____

Three things that happened today for which I am grateful

- _____
- _____
- _____

How I might have advanced the quality of my day

- _____
- _____

"Whatever the mind of a man can conceive and believe, it can achieve"

Today I am expressing gratitude for

- _____
- _____
- _____

Three mini goals for making today great

- _____
- _____
- _____

My Todays Affirmations, I am

- _____
- _____

Three things that happened today for which I am grateful

- _____
- _____
- _____

How I might have advanced the quality of my day

- _____
- _____

"Often opportunity comes disguised as a temporary defeat"

Today I am expressing gratitude for

- _____
- _____
- _____

Three mini goals for making today great

- _____
- _____
- _____

My Todays Affirmations, I am

- _____
- _____

Three things that happened today for which I am grateful

- _____
- _____
- _____

How I might have advanced the quality of my day

- _____
- _____

"Perspiration, persistence and patience make an unbeatable combination for success

Today I am expressing gratitude for

- _____
- _____
- _____

Three mini goals for making today great

- _____
- _____
- _____

My Todays Affirmations, I am

- _____
- _____

Three things that happened today for which I am grateful

- _____
- _____
- _____

How I might have advanced the quality of my day

- _____
- _____

"To earn more you must learn more"

Today I am expressing gratitude for

- _____
- _____
- _____

Three mini goals for making today great

- _____
- _____
- _____

My Todays Affirmations, I am

- _____
- _____

Three things that happened today for which I am grateful

- _____
- _____
- _____

How I might have advanced the quality of my day

- _____
- _____

Daily Affirmations

- I am worthy of a wealthy life.
- I deserve the gift of a great life.
- God's wealth is circulating in my life.
- Universe is abundant and there is an infinite source of supply.
- The more I receive the more I give, the more I give the more I receive.
- I am a Money Magnet.
- I have a Millionaire Mind.
- I am safe and life is abundant.
- What I choose to do today will shape today and create my tomorrow.
- The past does not equal to the future.
- Life is constantly happening for me.
- Healthy food is a gift and reward that I deserve every day.
- I control how I feel.
- Money comes to me in increasing quantity from multiple sources on a continuous basis.

Congratulations

You have successfully completed 90 days of Journaling, I am sure you must be experiencing positive changes in your life by now.

If you are experiencing benefits of this journal would you be kind enough to leave a review for this Journal on Amazon, that would be highly appreciated and we would be very grateful if in your review you can tell what changes are you experiencing in your lives as a result of Journaling.

Thank you very much for your purchase.

Made in the USA
Columbia, SC
29 April 2020